Impressum
Verlag: BABADADA GmbH, Nedderfeld 112 , 22529 Hamburg
Geschäftsführer / Verlagsleitung: Harald Hof
Druck: Books on Demand GmbH, In de Tarpen 42, 22848 Norderstedt

Imprint
Publisher: BABADADA GmbH, Nedderfeld 112 , 22529 Hamburg, Germany
Managing Director / Publishing direction: Harald Hof
Print: Books on Demand GmbH, In de Tarpen 42, 22848 Norderstedt

قوتابخانه
okul

پۆل
sınıf
دابەشکردن
böl
186/2
تەختە
tahta
حەوشی قوتابخانە
okul bahçesi
مامۆستا
öğretmen
کاغەز
kağıt
نووسین
yazmak
پێنووس
kalem
مێزی نووسین
masa
خەتکێش
cetvel
کتێب
kitap
خوێندکار
öğrenci

چەواڵ

okul çantası

جانتای پێنووس

kalemlik

پێنووس

kurşun kalem

تیژکەرەوەی پێنووس

kalem açacağı

ڕەشکەرەوە

silgi

پەدی نیگارکێشان

çizim defteri

2 قوتابخانه - okul

نیگارکێشان

çizim

فڵچەی ڕەنگ

resim fırçası

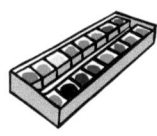

قوتووی ڕەنگ

boya kutusu

مەقەست

makas

چەسپ، کەتیرە

tutkal

کتێبی ڕاهێنان

alıştırma kitabı

کاری ماڵەوە

ödev

12

ژمارە

sayı

2+2

زیدەکردن

ekle

5-2

کەمکردن

çıkar

2×2

لێکدان

çarp

حسابکردن، ژماردن

hesapla

A

پیت

harf

ABCDEFG
HIJKLMN
OPQRSTU
VWXYZ

ئەلفوبێ

alfabe

hello

وشە

kelime

نووسراوە، دەق

metin

خوێندنەوە

okumak

گەچ

tebeşir

خول، دەرس

ders

تۆمارکردن

kayıt

ئەزموون، تاقیکردنەوە

sınav

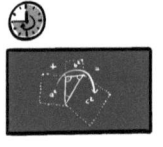

بڕوانامە

sertifika

جلی قوتابخانە

okul forması

پەروەردە

eğitim

زانیاری نامە

ansiklopedi

زانکۆ

üniversite

میکرۆسکۆپ

mikroskop

خەریتە، نەخشە

harita

سەبەتەی کاغەز

kağıt çöp kutusu

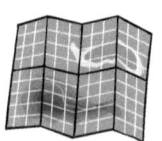

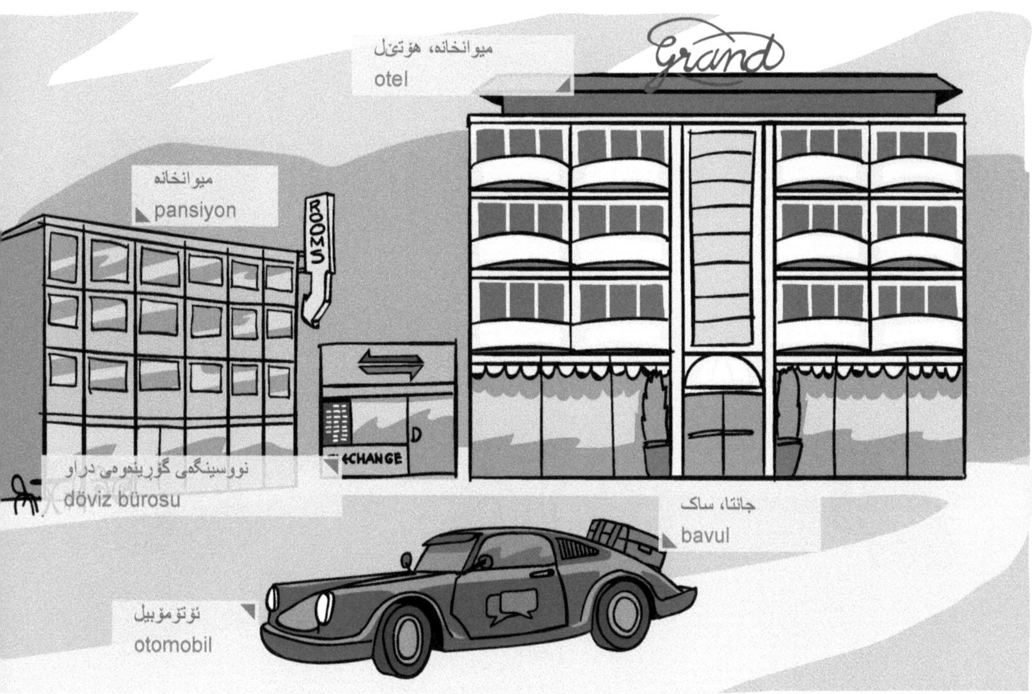

میوانخانە، هۆتێل
otel
میوانخانە
pansiyon
نووسینگەی گۆڕینەوەی دراو
döviz bürosu
جانتا، ساک
bavul
ئۆتۆمۆبیل
otomobil

زمان

dil

بەڵێ / نەخێر

evet / hayır

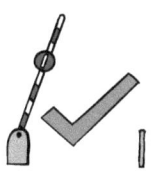

باشە

Tamam

سڵاو

merhaba

وەرگێڕی دەق

çevirmen

سپاس

Teşekkür ederim

بەچەندە ...؟

....

bu … ne kadar?

من تێناگەم

....

anlamadım

کێشە

....

problem

ئێوارە باش!

....

İyi akşamlar!

بەیانی باش!

....

Günaydın!

شەو باش!

....

İyi geceler!

ماڵئاوا، بەخێرچی

....

güle güle

ئاراستە، ڕێڕەو

....

yön

جانتا

....

bagaj

جانتا

....

çanta

کۆڵەپشتی

....

sırt çantası

میوان

....

misafir

ژوور، دیو

....

oda

کیسەخەو

....

uyku tulumu

چادر، دەوار

....

çadır

زانیاری بۆ گەشتیار
....
turist danışma

کەناراو
....
sahil

کارتی قەرز
....
kredi kartı

نانی بەیانی
....
kahvaltı

نانی نیوەڕۆ
....
öğle yemeği

نانی شەو
....
akşam yemeği

بلیت
....
Bilet

ئاسانسۆر
....
asansör

پوول، تەمر
....
pul

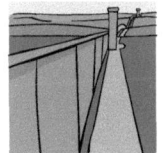

سنوور
....
sınır

گومرک
....
gümrük

باڵوێزخانە
....
elçilik

ڤیزا
....
vize

پاسەپۆرت
....
pasaport

گواستنەوە

ulaşım

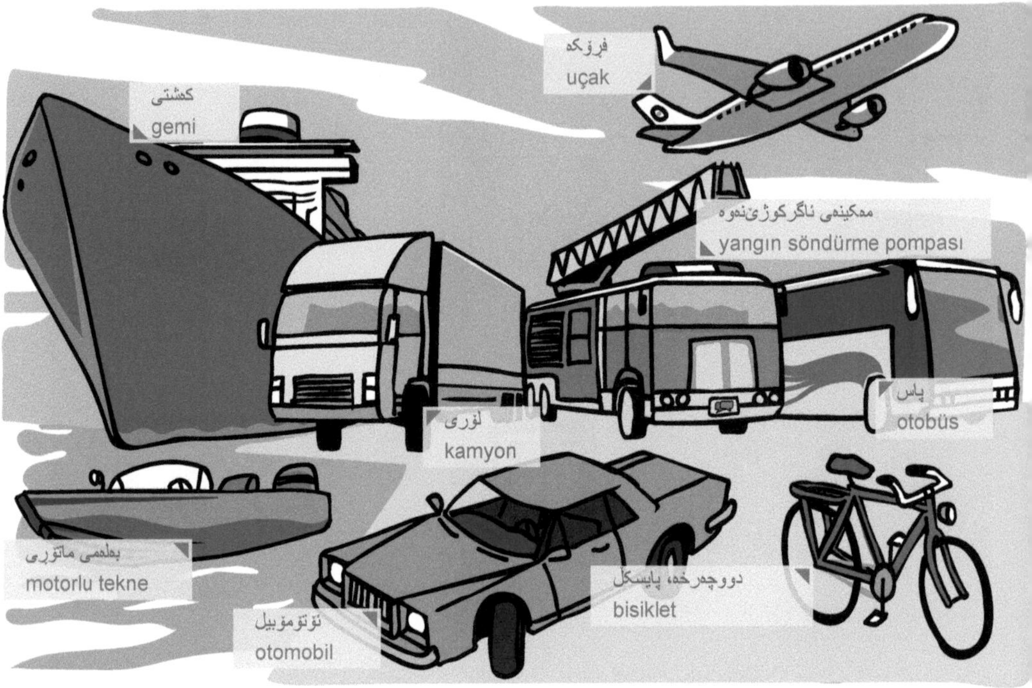

فڕۆکە
uçak
کەشتی
gemi
مەکینەی ئاگرکوژێنەوە
yangın söndürme pompası
پاس
otobüs
لۆری
kamyon
بەلەمی ماتۆڕی
motorlu tekne
دووچەرخە، پایسکل
bisiklet
ئۆتۆمۆبیل
otomobil

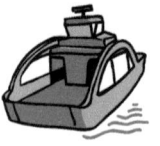

کەشتی گواستنەوە

feribot

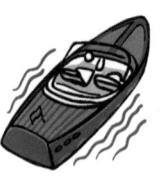

بەلەمی ماتۆڕی

bot

ماتۆڕ

motosiklet

ئوتومبێلی پۆلیس

polis arabası

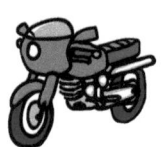

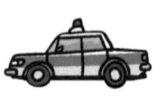

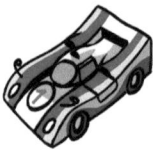

ئوتومبێلی پێشبڕکێ

yarış arabası

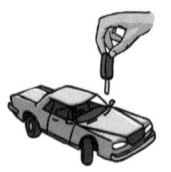

ئۆتۆمۆبیلی کرێ

kiralık araba

ئۆتۆمۆبیل هاوبەشکردن

....

ortak araba

لۆری ڕاکێشکردن

....

çekici

لۆری زبڵ

....

çöp kamyonu

ماتۆڕ

....

motor

سووتەمەنی

....

yakıt

وێستگەی بەنزین

....

benzinlik

تابلۆی هاتووچۆ

....

trafik işareti

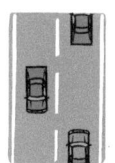

هاتووچۆ

....

trafik

ترافیک

....

trafik sıkışıklığı

شوێنی ڕاگرتنی ئۆتۆمۆبیل

....

otopark

وێستگەی شەمەندەفەر

....

tren istasyonu

هێڵی ئاسن

....

ray

شەمەندەفەر

....

tren

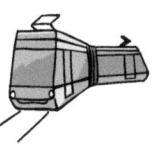

قەتاری سەرشەقام

....

tramvay

داشقە

....

vagon

هەلیکۆپتەر

helikopter

فڕۆکەخانە

havaalanı

بورج

kule

نەفەر

yolcu

دەفر، کانتینەر

konteyner

کارتۆن

koli

داشقە

yük arabası

سەوەتە

sepet

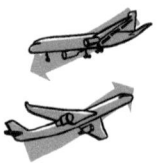

هەڵفڕین / نیشتن

kalkış / iniş

شار

şehir

گوند، دێهات

köy

ناوەندی شار

şehir merkezi

ماڵ، خانوو

ev

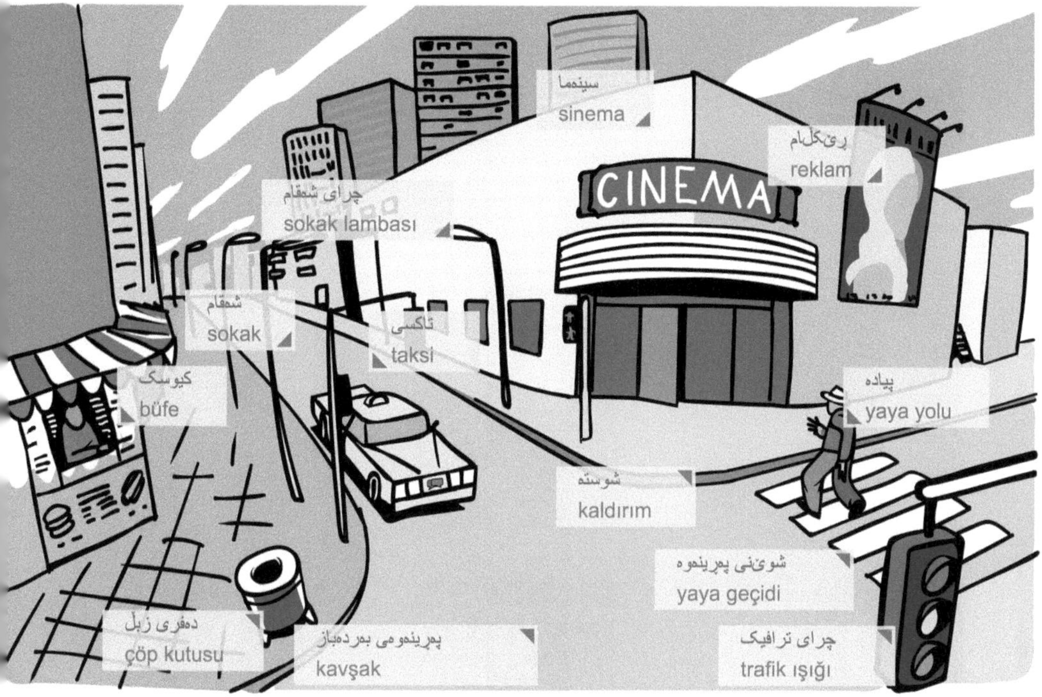

سینەما
sinema

رێکلام
reklam

چرای شەقام
sokak lambası

شەقام
sokak

تاکسی
taksi

کیوسک
büfe

پیادە
yaya yolu

شوستە
kaldırım

شوێنی پەڕینەوە
yaya geçidi

دەفری زبڵ
çöp kutusu

پەڕینەومی بەردەباز
kavşak

چرای ترافیک
trafik ışığı

خانووچکە
....
kulübe

نهۆم، باڵەخانە
....
apartman dairesi

وێستگەی شەمەندەفەر
....
tren istasyonu

کۆشکی شارەوانی
....
belediye binası

مۆزەخانە
....
müze

قوتابخانە
....
okul

زانکۆ

üniversite

بانک

banka

نەخۆشخانە، خەستەخانە

hastane

میوانخانە، هۆتێل

otel

دەرمانخانە

eczane

نووسینگە، فەرمانگە

ofis

کتێبفرۆشی

kitapçı

دووکان

mağaza

گوڵفرۆشی

çiçekçi

سوپەرمارکێت

süpermarket

بازار

market

فرۆشگا

büyük mağaza

ماسیفرۆش

balık satıcısı

ناوەندی کڕین

alışveriş merkezi

بەندەر

liman

پارک
....
park

کورسی درێژ
....
bank

پرد
....
köprü

پێ پیلکان
....
merdiven

ژێرزەوی
....
metro

تونێل
....
tünel

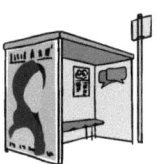

وێستگەی پاس
....
otobüs durağı

مەیخانە
....
bar

ڕێستۆرانت
....
restoran

سندووقی پۆست
....
posta kutusu

تابڵۆی شەقام
....
sokak tabelası

پێوەری پارکینگ
....
otopark sayacı

باخچەی ئاژەڵان
....
hayvanat bahçesi

حەوزی مەلە
....
yüzme havuzu

مزگەوت
....
cami

مەزرا
....
çiftlik

پیسبوونی ژینگە
....
kirlilik

قەبرستان، گۆرستان
....
mezarlık

کەنیسە
....
kilise

شوێنی یاری
....
oyun alanı

پەرستگا
....
tapınak

دیمەن

arazi

گەڵا
yaprak

تابلۆی ڕێنیشاندەر
yön tabelası

ڕێگا
yol

مەرگ
çayır

بەرد
taş

دار
ağaç

شاخەوان
yürüyüşçü

ڕووبار، چەم
ırmak

گژوگیا
çimen

گوڵ
çiçek

دۆڵ، شیو

vadi

بەرزایی

tepe

دەریاچە

göl

دارستان

orman

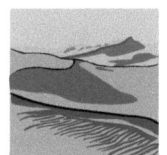

چۆڵەوار

çöl

بورکان

volkan

قەڵا

kale

کۆلکەزێرینە

gökkuşağı

کارگ

mantar

دارخورما

palmiye

مێشوولە

sivrisinek

مێشوولە

sinek

مێروولە

karınca

مێش هەنگوین

arı

جاڵجاڵووکە

örümcek

قالۆنچە

böcek

بۆق

kurbağa

سمۆرە

sincap

ژیشک

kirpi

کەروێشکە کێوی

yabani tavşan

کوند

baykuş

باڵندە

kuş

قازی سپی

kuğu

بەرازی کێوی

yaban domuzu

ئاسک

geyik

بزنە کێوی

geyik

بەنداو

baraj

تۆربینی با

rüzgar türbini

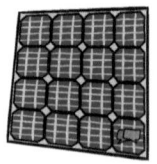

پەڕەی خۆری

güneş paneli

ئاوو هەوا

iklim

ڕێستۆرانت
restoran

خزمەتکار
garson
لیستە، پێرست
menü
کورسی
sandalye
سووپ، شۆرباو
çorba
پیتزا
pizza
چەقۆ و چەتاڵ
çatal - bıçak
سفرە
masa örtüsü

خواردنی دەستپێک

başlangıç

خواردنی سەرەکی

ana yemek

دێسێر

tatlı

خواردنەوە

içecekler

خواردن

yemek

بوتڵ

şişe

خواردنی خێرا

fastfood

خواردنی سەرشەقام

sokak yemeği

قۆری

çaydanlık

قوتووی شەکر

şekerlik

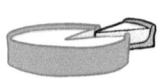

بەش

porsiyon

ئامێری سازکردنی قاوەی ئێسپرەسۆ

espresso makinesi

کورسی بەرز

mama sandalyesi

تێچوو

fatura

کەشەف

tepsi

چەقۆ

bıçak

چنگاڵ

çatal

کەوچک

kaşık

کەوچکی چا

çay kaşığı

دەسماڵ

servis peçetesi

لیوان، پەرداخ

bardak

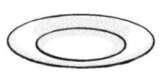

قاپ، دەوری، دەفر
....
tabak

قاپی شۆرباو
....
çorba kasesi

ژێرپیاڵە
....
fincan altlığı

سۆس
....
sos

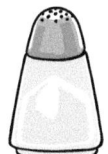

خوێدان
....
tuzluk

هاڕەری بیبار
....
karabiber değirmeni

سرکە
....
sirke

ڕۆن
....
yağ

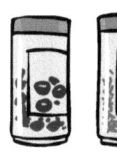

بەهارات
....
baharat

دۆشاوی تەمات، سۆسی تەماتە
....
ketçap

سۆسی موستارد
....
hardal

سۆسی مایۆنێز
....
mayonez

سوپەرمارکێت

süpermarket

داشکاندنی تایبەتی
özel teklif
FOR
مشتەری
müşteri
شیرەمەنی
süt ürünleri
میوە
meyve
داشقە
alışveriş arabası

دووکانی قەسابی

kasap

نانەواخانە

fırın

کێشان

tartmak

سەوزی

sebze

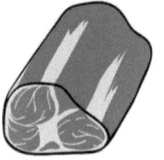

گۆشت

et

خواردنی بەستوو

donmuş gıda

گۆشتی سارد
....
söğüş et

خواردنی کۆنسێرو
....
konserve yiyecek

دەرمانی بشۆر
....
toz deterjan

شیرینی
....
şekerlemeler

بەرهەمی خۆماڵی
....
ev temizlik ürünleri

بەرهەمی خاوێنکردنەوە
....
temizlik ürünleri

فرۆشیار
....
satış görevlisi

ژمێرەر
....
yazar kasa

ژمێریار، خەزەندار
....
kasiyer

لیستی کڕین
....
alışveriş listesi

کاتی دەوام
....
açılış saatleri

کیسەباخەڵ، جزدان
....
cüzdan

کارتی قەرز
....
kredi kartı

توورەکە، کیسە
....
çanta

توورەکە
....
plastik poşet

خواردنەوە

içecekler

ئاو

su

شەربەت

meyve suyu

شیر

süt

خەڵووز

kola

شەراب

şarap

بیرە

bira

ئەلکۆل

alkol

کاکاو

kakao

چایی، چا

çay

قاوە

kahve

قاوەی ئێسپرەسۆ

espresso

کاپۆچینۆ

kapuçino

مۆز

muz

سێو

elma

پرتەقاڵ

portakal

کاڵەک

kavun

لیمۆ

limon

گێزەر

havuç

سیر

sarımsak

حەیزەران

bambu

پیاز

soğan

کارگ

mantar

سەموونە، گوێز، ناوکە

çerez

نوودڵ

makarna

ماکارۆنی

spagetti

برینج

pirinç

زەلاتە

salata

چیپس

cips

پەتاتەی برژاو، پەتاتەی سوورۆکراو

patates kızartması

پیتزا

pizza

هەمبرگەر

hamburger

ساندویچ، دۆندرمە

sandviç

پارچە گۆشت

şinitzel

گۆشتی بەراز

pastırma

گۆشتی بەراز

salam

سۆسیس

sosis

مریشک

tavuk

برژاندن، نرژان

rosto

ماسی

balık

شۆرباوی ساوار

....

yulaf ezmesi

دانەوێڵەی تێکەڵ

....

müsli

دانەی دانەوێڵە

....

mısır gevreği

ئارد

....

un

کرۆسانت، نانێکی فەرەنسی

....

kruvasan

نانی خڕ

....

küçük ekmek

نان

....

ekmek

نانی برژاو

....

tost

بسکیت

....

bisküvi

کەرە، ڕۆنی کەرە

....

tereyağı

سەرتوێژ، توێژ

....

kaymak

کەیک

....

kek

هێلکە

....

yumurta

هێلکەی برژاو

....

sahanda yumurta

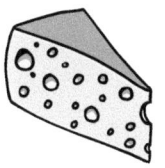

پەنیر

....

peynir

بەستەنی، دۆندرمە

dondurma

شەکر

şeker

هەنگوین

bal

مرەبا

reçel

خامەی نۆگات

fındık ezmesi

بەهارات

köri

مەزرا

çiftlik

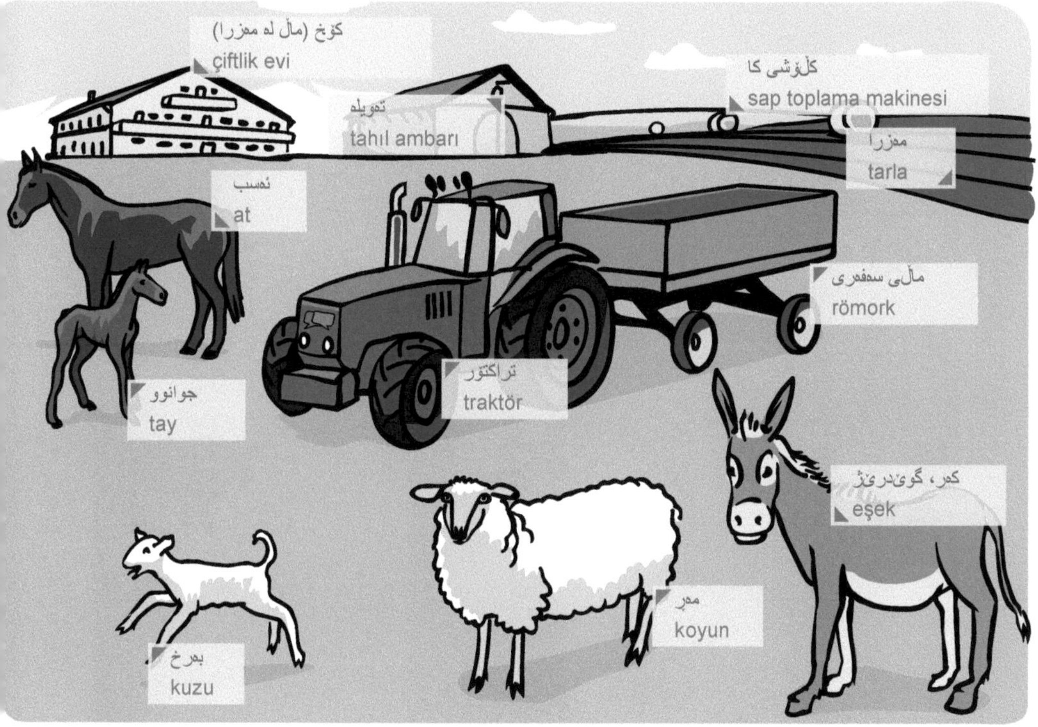

کۆخ (ماڵ لە مەزرا)
çiftlik evi
تەویلە
tahıl ambarı
کڵۆشی کا
sap toplama makinesi
مەزرا
tarla
ئەسب
at
ماڵی سەفەری
römork
تراکتۆر
traktör
جوانوو
tay
کەر، گوێدرێژ
eşek
مەڕ
koyun
بەرخ
kuzu

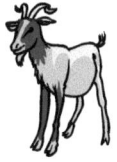

بزن

keçi

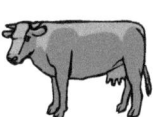

مانگا

inek

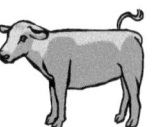

گوێلک

buzağı

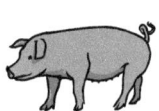

بەراز

domuz

فەرخە بەراز

domuz yavrusu

جوانەگا

boğa

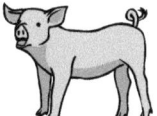

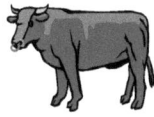

قاز

kaz

مراوی

ördek

جووچک

civciv

مریشک

tavuk

کەڵەشێر

horoz

جرج

sıçan

پشیلە

kedi

مشک

fare

گا

öküz

سە، سەگ

köpek

کونە سە

köpek kulübesi

سۆندە

bahçe hortumu

تونگەی ئاودان

sulama kabı

ماڵەغان

tırpan

گاسن

pulluk

داس

orak

مەرە

çapa

شەنە

dirgen

تەور

balta

عارەبانەی دەستیی

el arabası

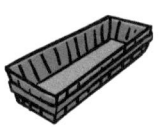

دەفری خواردنی ئاژەڵان

yemlik

دەفری شیر

süt kovası

تەلیس

çuval

پەرژین

çit

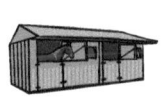

تەویلە

ahır

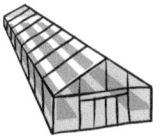

گوڵخانە

sera

خۆڵ

toprak

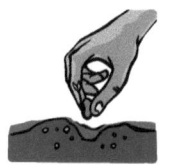

دەنک، نۆک

tohum

پەین

gübre

کۆمباین

biçerdöver

دروێنەکردن

....

hasat etmek

خەرمان

....

harman

پەتاتە

....

tatlı patates

گەنم

....

buğday

لووبیا، فاسۆلیا

....

soya

پەتاتە

....

patates

گەنمەشامی

....

mısır

جۆرێک دەخڵودان

....

kolza

داری بەری

....

meyve ağacı

سێوبنەعەرزیلە

....

manyok

دانەوێڵەی تێکەڵ

....

hububat

مال، خانوو

ev

دووکەڵکێش
baca
سەربان
çatı
yağmur oluğu
پەنجەرە
pencere
گەراژ
garaj
زەنگی دەرگا
kapı zili
دەرگا
kapı
دەفری زبڵ
çöp kutusu
سندووقی نامە
posta kutusu
باخ
bahçe

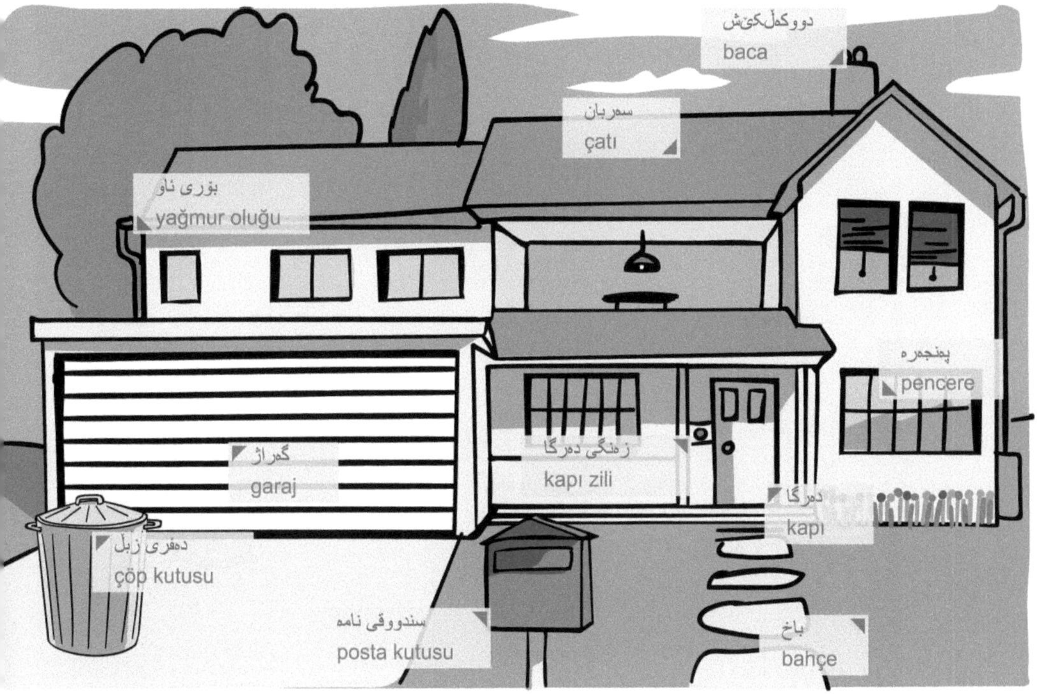

ژووری دانیشتن
....
oturma odası

حەمام، ئاودەستخانە
....
banyo

چێشتخانە
....
mutfak

ژووی خەو
....
yatak odası

ژووری منداڵ
....
çocuk odası

ژووری نانخوارن
....
yemek odası

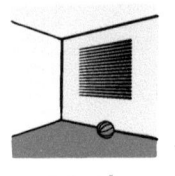

داڵان، ئەرز

zemin

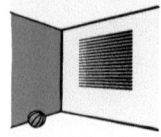

دیوار

duvar

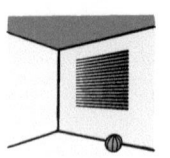

بن میچ

tavan

ژێرزەمین

kiler

ساونا

sauna

باڵکۆن، هەیوان

balkon

هەیوان

teras

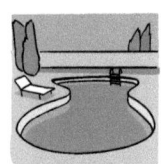

حەوز، مەلەوانگە

havuz

گژوگیابڕ

çim biçme makinesi

مەلافە

çarşaf

مەلافەی نوێن

yatak örtüsü

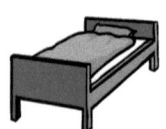

پێخەف، نوێن

yatak

گسک

süpürge

سەتڵ

kova

سویچ، کلیل

anahtar

ژووری دانیشتن
oturma odası

کاغەزی دیواری
duvar kağıdı
resim
لامپ، چرا، گڵۆب
lamba
raf
dolap
تەلەفیزیۆن
televizyon
ئاگردان
şömine
گوڵ
çiçek
باڵەنج، سەرین
minder
سۆفا
kanepe
گوڵدان
vazo
کۆنترۆڵ لە ڕێگەی دوور
uzaktan kumanda

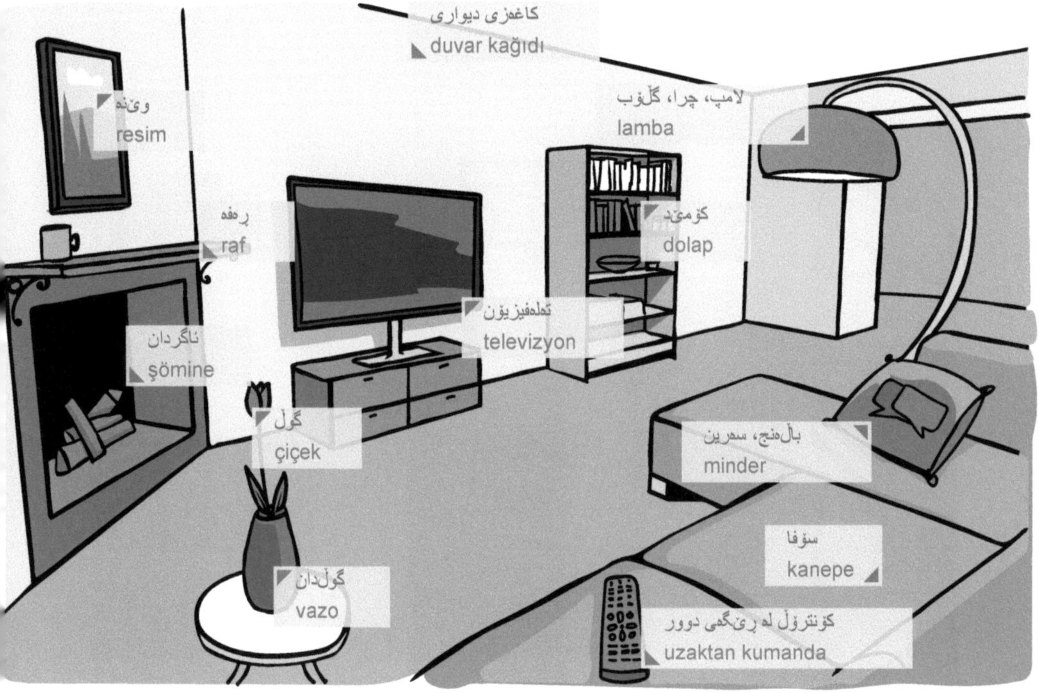

فەرش
....
halı

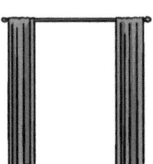

پەردە
....
perde

مێز
....
masa

کورسی
....
sandalye

کورسی ڕاژاندن
....
salıncaklı koltuk

کورسی دەسکدار
....
koltuk

کتێب

kitap

پەتوو، بەتانی

battaniye

ڕازاندنەوە

dekor

داری سووتاندن

odun

فیلم

film

ستێریۆ

hi-fi

کلیل

anahtar

ڕۆژنامە

gazete

نیگار، نیگارکێشان

tablo

پۆستەر

poster

ڕادیۆ

radyo

تیانووس

defter

گسکی کارەبایی

elektrikli süpürge

کاکتووس

kaktüs

مۆم

mum

چێشتخانە
mutfak

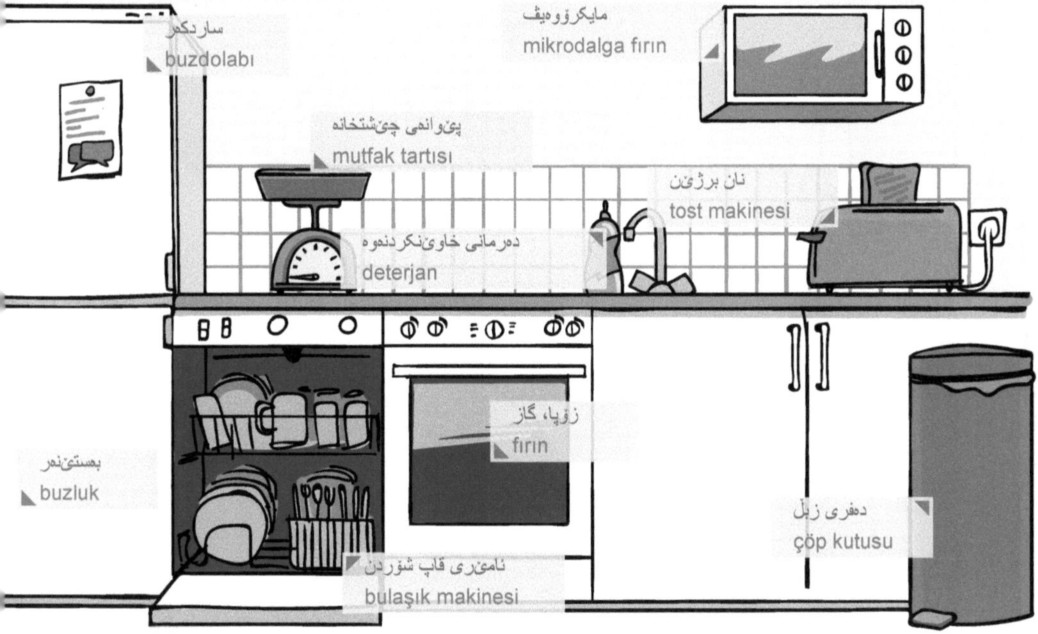

ساردکەر
buzdolabı
مایکرۆوەیڤ
mikrodalga fırın
پێوانەی چێشتخانە
mutfak tartısı
نان برژێن
tost makinesi
دەرمانی خاوێنکردنەوە
deterjan
زۆپا، گاز
fırın
بەستێنەر
buzluk
دەفری زبڵ
çöp kutusu
ئامێری قاپ شۆردن
bulaşık makinesi

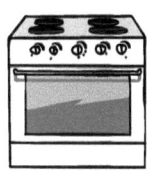

چێشتلێنەر

ocak

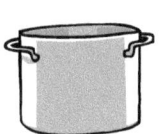

مەنجەڵ

tencere

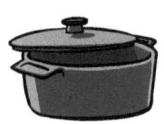

قاپی ئوتوو

döküm tencere

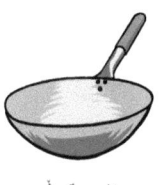

تاوەی قووڵ

wok

تاوە

tava

کتری، ئاوگەمکەر

su ısıtıcı

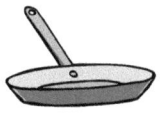

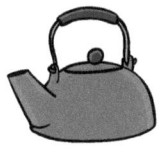

چێشتلێنەری هەڵمی

buharlı pişirici

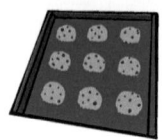

کەشەفی نانکردن

pişirme tepsisi

قاپ و قاچاغ

tabak takımı

کۆپ

kupa

قاپ

kase

چیلکەی نانخواردن

çubuk (çin yemeği)

ئەسکوێ

kepçe

کەوگیر

spatula

گسک

çırpma teli

سووزمە

süzgeç

بێژنگ

elek

ئامێری جنینی پەنیر و سەوزە

rende

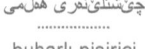

دەستار

havan

برژاندن

barbekü

ئاگر

açık ateş

تەختەی وردکردن

....

kesme tahtası

تیرۆک

....

merdane

بورغی فلین

....

tirbüşon

قوتوو

....

konserve kutusu

قوتووکەرەوە

....

konserve açacağı

دەسرەی مەنجەڵ

....

fırın eldiveni

دەسشۆر

....

evye

فڵچە

....

fırça

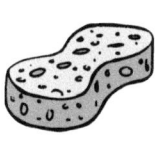

ئیسفەنج

....

sünger

تێکەڵکەر

....

blender

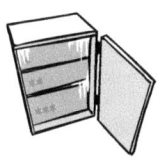

قەرەسی

....

derin dondurucu

شووشە شیر

....

biberon

شێری ئاو

....

musluk

حەمام، ئاودەستخانە
banyo

زۆپا/گەرمکەر
ısıtma
دووشی ئاو، خورژم
duş
خاولی
havlu
پەردەی حەمام
duş perdesi
کەفی حەمام
köpük banyosu
حەوزی حەمام
küvet
لیوان، پەرداخ
bardak
ئامێری دەفرشوتن
çamaşır makinesi
musluk
کاشی
fayans
ئاودەستی منداڵان
lazımlık
دەستشۆر
evye

ئاودەست، تواڵێت
tuvalet

تواڵێتی نزم، ئاودەست
alaturka tuvalet

جۆرێک تواڵێت
bide

تواڵێت، ئاودەست
pisuvar

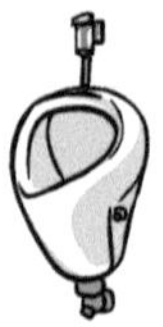

کاغەزی ئاودەستخانە
tuvalet kağıdı

فڵچەی ئاودەستخانە
tuvalet fırçası

فڵچەی ددان

diş fırçası

خەمیری ددان

diş macunu

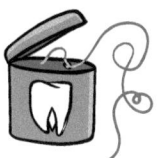

بەنی ددان

diş ipi

شۆردن، شوتن

yıkamak

خورژمی دەستی

duş başlığı

دووش

duş başlığı şeklinde taharet musluğu

کاسەی دەستوچاوشوتن

küvet

فڵچەی پشت

banyo fırçası

سابوون

sabun

جێڵی خۆشوتن

duş jeli

شامپۆ

şampuan

فلانێل

banyo lifi

ئاوەڕۆ

gider

کرێم

krem

بۆنخۆشکەرە

deodorant

ئاوێنە
....
ayna

ئاوێنەی دەستی
....
el aynası

مەکینەی ڕیش تاشین
....
jilet

سابوونی ڕیش تاشین
....
tıraş köpüğü

کرێمی دوای ڕیش تاشین
....
tıraş losyonu

شانە
....
tarak

فڵچە
....
fırça

سێشوار، سەرئیشککەرەوە
....
saç kurutma makinesi

سپرەی قژ
....
saç spreyi

سووراوسپیاو
....
makyaj

سووراو
....
ruj

ڕەنگی نینۆک
....
tırnak cilası

لۆکە
....
pamuk

مەقەستی نینۆک
....
tırnak makası

عەتر
....
parfüm

کیسەی حەمام

....

makyaj çantası

کورسی بێ پشت

....

tabure

پێوەر

....

tartı

خاولی حەمام

....

bornoz

دەستەوانەی چەرم

....

lastik eldiven

تامپۆن

....

tampon

خاولی خاوێنکردنەوە

....

kadın pedi

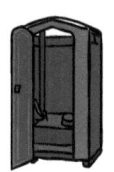

ئاودەستی کیمیایی

....

kimyevi tuvalet

ژووری منداڵ
çocuk odası

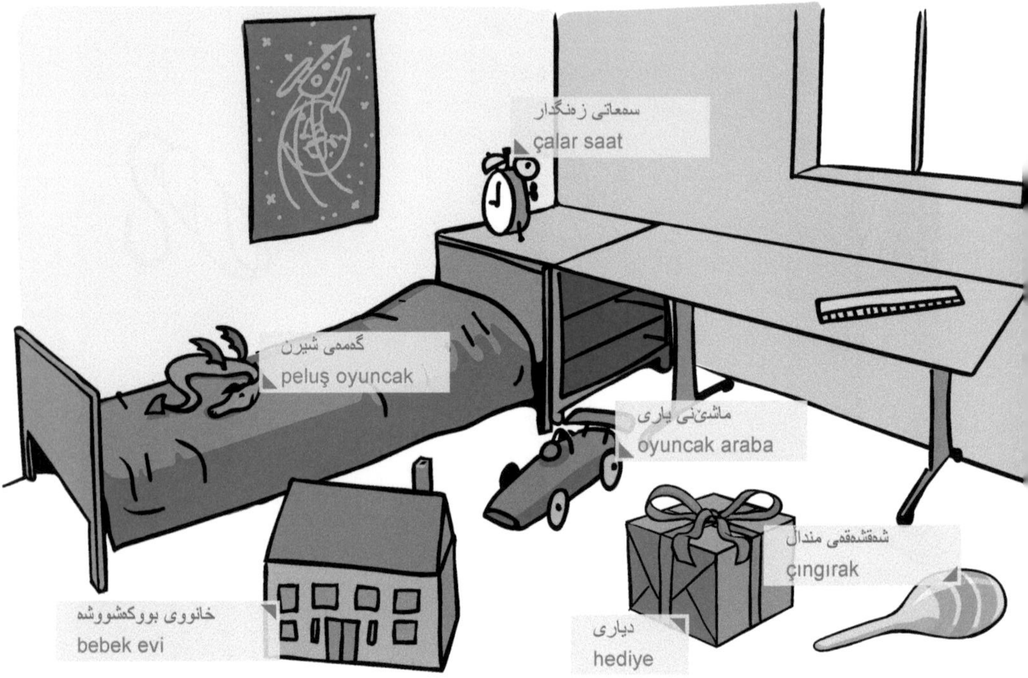

سەعاتی زەنگدار
çalar saat
گەمەی شیرن
peluş oyuncak
ماشێنی یاری
oyuncak araba
شەقشەقەی منداڵ
çıngırak
خانووی بووکەشووشە
bebek evi
دیاری
hediye

باڵۆن

balon

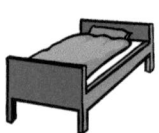

پێخەف، نوێن

yatak

داشقەی منداڵ

bebek arabası

گەمەی کارت

kart destesi

مەتەڵ، مەتەڵۆک

yapboz

کۆمێدی

çizgi roman

خشتی لێگۆ

lego tuğlaları

خشتی یاری

lego blokları

بووکه شووشه

aksiyon figürü

جلی منداڵ

zıbın

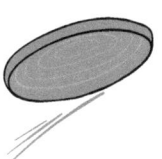

یاری فریزبی

frizbi

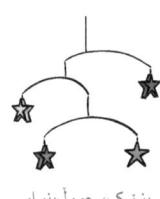

بزۆک، جووڵێنراو

dönence

یاری تەختە

masa oyunu

مۆره

zar

مۆدێلی شەمەندەفەر

model tren seti

مەمکە مژە

emzik

میوانی، جەژن

parti

کتێبی وێنەدار

resimli kitap

تۆپ

top

بووکەشووشە

oyuncak bebek

کایە کردن، یاری کردن

oynamak

قۆرتی خیزوخۆڵ

kum havuzu

جۆلانە

salıncak

کایەی منداڵان، یاری منداڵان

oyuncaklar

گەمەی ڤیدیۆیی

video oyun konsolu

سێچەرخە

üç tekerlekli bisiklet

ورچی یاری

oyuncak ayı

کەنتۆر

gardırop

جلوبەرگ

kıyafet

گۆرەوی

çorap

گۆرەوی درێژ

külotlu çorap

گورەوی درێژ

tayt

شاڵی مل
eşarp

چەتر
şemsiye

کراس
tişört

قایش، پشتێن
kemer

چەکمە، پۆتین
bot

پێڵاو
spor ayakkabı

پێڵاوی ماڵ
terlik

پاپوچ

sandalet

کەوش، پێڵاو

ayakkabı

چەکمەی چەرم

lastik çizme

پانتۆڵی ژێرەوە

külot

ستیان، سوخمە

sütyen

جلیسقە

yelek

جەستە، لەش

dar bluz

پانتۆڵ

pantolon

پانتۆڵ

kot pantolon

دامەن، تەنووره

etek

کراس

bluz

کراس

gömlek

بلووز

kazak

بلووز

süveter

چاکەت

blazer

چاکەت

ceket

باڵتە

mont

بارانی

yağmurluk

پۆشاک

kostüm

کراسی ژنانە

elbise

جلی زەماوەند

gelinlik

چاکەت و پانتۆڵ

....

takım elbise

جلی خەو

....

gecelik

جلی خەو

....

pijama

ساری

....

sari

لەچکە

....

baş örtüsü

جەمەدانە، سەرپێچ

....

türban

بۆرکا

....

burka

کەفتان

....

kaftan

عەبا

....

çarşaf

جل و بەرگی مەلەکردن

....

mayo

پانتۆڵی مەلە

....

erkek mayosu

پانتۆڵی کورت

....

şort

جلوبەرگی ڕاهێنان

....

eşofman

بەروانکە، بەرکوشە

....

önlük

دەستەوانە

....

eldiven

دوگمە

düğme

چاویلکە

gözlük

بازنە

bilezik

ملوانکە

kolye

ئەنگوستیلە

yüzük

گوارە

küpe

کڵاو

kep

داری جل هەڵواسین

portmanto

کڵاو

şapka

بۆینباخ

kravat

زیپ

fermuar

کڵاوی پارێزەر

kask

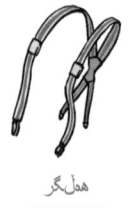

هەڵگر

pantolon askısı

جلی قوتابخانە

okul forması

یەکپۆش

üniforma

بەرلیکە، بەرکۆشی منداڵ

....

mama önlüğü

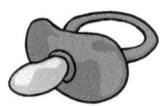

مەمکە مژە

....

emzik

دایبی، پەڕۆشۆر

....

bebek bezi

نووسینگە، فەرمانگە

ofis

sunucu
dosya dolabı
چاپکەر
yazıcı
کاغەز
kağıt
مۆنیتۆر، پیشانگەر
monitör
مێزی نووسین
masa
ماوس
fare
klasör
تەختەکلیل
klavye
سەبەتەی کاغەز
kağıt çöp kutusu
کۆمپیوتەر
bilgisayar
کورسی
sandalye

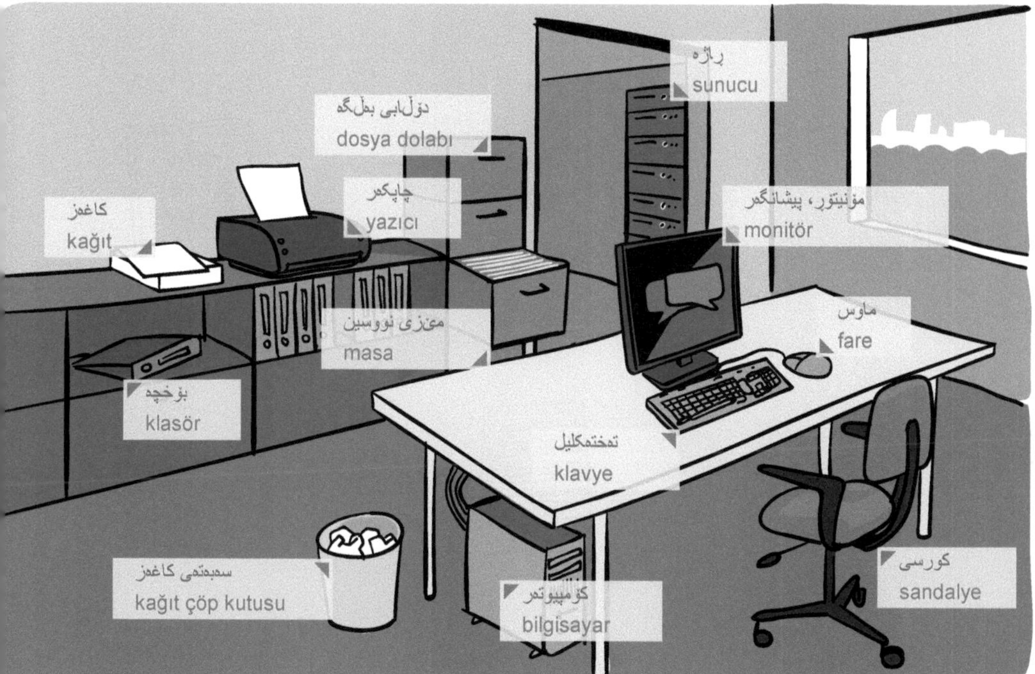

کۆپی قاوە

....

kahve fincanı

ژمێرەر

....

hesap makinesi

ئینتەرنێت

....

internet

لەپتۆپ

dizüstü

نامە

mektup

پەیام

mesaj

موبایل، تەلەفۆنی دەست

cep telefonu

تۆڕ

ağ

ئامێری لەبەرگرتنەوە، کۆپیکەر

fotokopi makinesi

نەرمەکالا

yazılım

تەلەفۆن

telefon

ساکێتی دووشاخە

priz

ئامێری فەکس

faks makinesi

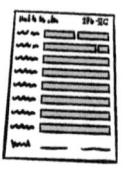

فۆرم

form

بەڵگە

belge

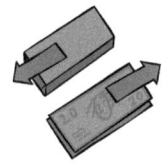

کڕین
....
satın almak

پارەدان
....
ödemek

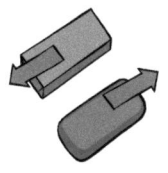

بازرگانی، ئاڵوگۆڕکردن
....
ticaret yapmak

پارە، دراو
....
para

دۆلار
....
dolar

یۆرۆ
....
avro

یەن
....
yen

ڕوبڵی ڕووسی
....
ruble

فرانکی سویسی
....
İsviçre frangı

یوان، یەکەی دراوی چینی
....
Çin yuanı

ڕووپییە
....
rupi

مەکینەی پارە
....
kasa

نووسینگەی گۆڕینەوەی دراو

döviz bürosu

زێڕ

altın

زیو

gümüş

نەوت

petrol

وزه

enerji

بەها، نرخ

fiyat

ڕێکەوتننامە

kontrat

باج

vergi

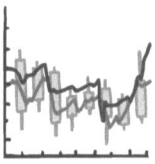

سەهام

menkul değer

کارکردن

çalışmak

کارمەند، کارکەر

işveren

خاوەنکار

işçi

کارخانە

fabrika

دووکان

mağaza

ئیشەکان
meslekler

فەرمانبەری پۆلیس
polis memuru
ئاگرکووژێنەر
itfaiyeci
چێشتلێنەر
aşçı
دکتۆر
doktor
فڕۆکەوان
pilot

باخەوان

bahçıvan

دارتاش، مەرەنگۆز

marangoz

خەییات

terzi

دادوەر

hakim

کیمیازان

kimyager

شانۆگەر، شانۆکار

aktör

شۆفیری پاس

otobüs şoförü

شۆفیر تاکسی

taksi şoförü

ماسیگر

balıkçı

کڵفەت

temizlikçi

وەستای سەربان

çatı ustası

خزمەتکار

garson

ڕاوچی

avcı

بۆیاخچی

boyacı

نانکەر

fırıncı

کارەباچی

elektrikçi

بەننا

inşaatçı

ئەنازیار

mühendis

قەساب

kasap

وەستای بۆری

muslukçu

پۆستەچی

postacı

سەرباز

asker

نەخشەکێش

mimar

ژمێریار، خەزەندار

kasiyer

گوڵفرۆش

çiçekçi

ئارایشگەر

kuaför

گەیێنەر

kondüktör

میکانیک

tamirci

کەشتیوان

kaptan

ددانساز، دوکتوری ددان

dişçi

زانا

bilim insanı

مەلای جوولەکان

haham

ئیمام

imam

کەسی ئایینی

keşiş

قەشە

rahip

ئامراز و کەرەستە

aletler

چەکووش
çekiç
پلایز
penseler
پێچبادەر
tornavida
جەرەبادەر
İngiliz anahtarı
مەشخەڵ
el feneri

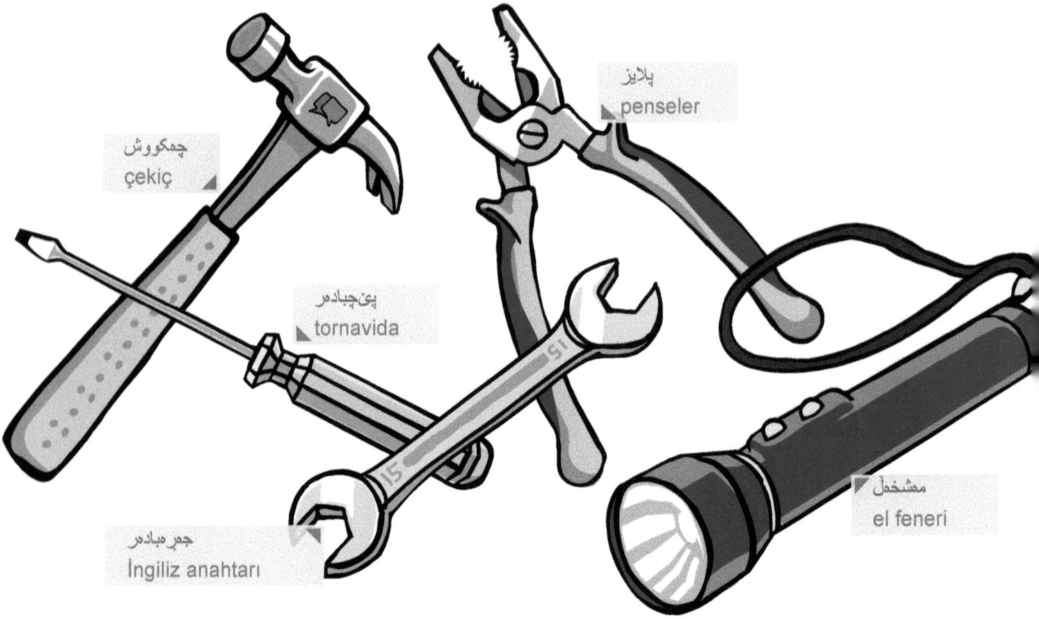

شۆفڵ
....
kazı makinesi

سندووقی ئامراز
....
alet çantası

پەیژە
....
merdiven

مشار
....
testere

بزمارەکان
....
çiviler

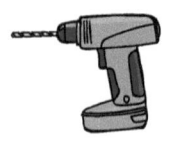

کونکەرە
....
matkap

چاککردنهوه
....
tamir etmek

پێمهره
....
kürek

نهفرهت!
....
Kahretsin!

خاکهناز
....
faraş

قۆتووی بۆیاخ
....
boya tenekesi

پێچهکان، جمرهکان
....
vidalar

ئامێرهکانی مووزیک

müzik enstrümanı

قسهکهر، بڵندگۆ
hoparlör

تاقمی تهبڵ
bateri seti

گیتار
gitar

جۆری گیتار
kontrbas

زوڕنا
trompet

پیانۆ

piyano

کەمانچە

keman

گیتار

basgitar

دەهۆڵ

timpani

تەپڵ

bateri

تەختەکلیل

klavye

ساکسافۆن

saksafon

فلووت، شمشاڵ

flüt

مایکرۆفۆن

mikrofon

ناڤەدمە دەروازە
giriş

پلەینگ
kaplan

قەفەز
kafes

کەرمگێوی
zebra

خواردنی ئاژەڵان
hayvan yemi

ورچی پاندا
panda

ئاژەڵەکان

hayvanlar

فیل

fil

کانگۆرۆ

kanguru

کەرکەدەن

gergedan

گۆریلا

goril

ورچ

ayı

وشتر

deve

وشترمريشك

deve kuşu

شێر

aslan

مەيموون

maymun

فلامينگو

flamingo

تووتى

papağan

ورچى جەمسەرى

kutup ayısı

پېنگوين

penguen

قرش، سەگەماسى

köpek balığı

تاووس

tavus kuşu

مار

yılan

تيمساح

timsah

پارێزەرى باخچەى ناژەڵان

hayvanat bahçesi görevlisi

سەگى دەريايى

fok

پلينگ

jaguar

ئەسپى قەزەم

midilli atı

پشیلەى پلەینگى

leopar

ئەسپى ئاوى

su aygırı

زەرافە

zürafa

هەلۆ

kartal

بەرازى كێوى

yaban domuzu

ماسى

balık

كیسەڵ

kaplumbağa

والرِاس، ئاژەلێكى دەریایى

mors

ڕێوى

tilki

ئاسک

ceylan

وەرزش

sporlar

تۆپی پێی ئەمریکی
amerikan futbolu
bisiklete binme
تێنیس
tenis
تۆپی باسکە
basketbol
مەلەکردن
yüzme
هۆکی سەر سەهۆڵ
buz hokeyi
بۆکسێن
boks

فووتبۆڵ

futbol

بەدمینتۆن

badminton

وەرزشوان

atletizm

هەندباڵ

hentbol

خلیسکێن

kayak

پۆلۆ

polo

پێکەنین
gülmek
بازکردن
atlamak
لەباوەشگرتن، لەئامێزگرتن
sarılmak
بەرێدارۆیشتن، پیاسەکردن
yürümek
گۆرانی خوێندن
söylemek
خەون دیتن، خەون بینین
hayal etmek
پاڕانەوە، نوێژکردن
dua etmek
ماچکردن
öpmek

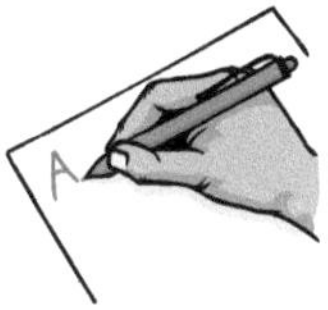

نووسین

yazmak

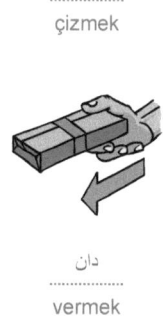

وێنەکێشان

çizmek

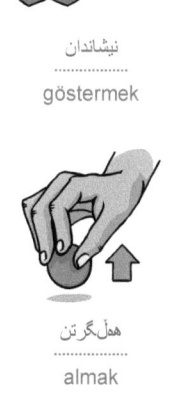

نیشاندان

göstermek

پاڵ پێوەنان

itmek

دان

vermek

هەڵگرتن

almak

هەبوون

sahip olmak

کردن

yapmak

بوون

olmak

ڕاوەستان

ayakta durmak

هەڵاتن

koşmak

کێشان

çekmek

هاویشتن

atmak

کەوتن

düşmek

درۆکردن

yalan söylemek

چاوەڕێبوون

beklemek

هەڵگرتن

taşımak

دانیشتن

oturmak

جل لەبەرکردن

giyinmek

خەوتن

uyumak

لەخەوهەستان

uyanmak

چاولێکردن

bakmak

گریان

ağlamak

جەڵتەلێدان

vurmak

قژداهێنان، شانەکردن

taramak

قسەکردن

konuşmak

تێگەیشتن

anlamak

پرسیارکردن، پرسین

sormak

گوێڕاگرتن

dinlemek

خواردنەوە

içmek

خواردن

yemek

ڕێکوپێک کردن

düzenlemek

خۆشویستن

sevmek

چێش لێنان

pişirmek

شۆفێریکردن

sürmek

فڕین

uçmak

کەشتیوانی

....

denize açılmak

حساب‌کردن، ژماردن

....

hesapla

خوێندنەوە

....

okumak

فێربوون

....

öğrenmek

کارکردن

....

çalışmak

زەماوەندکردن

....

evlenmek

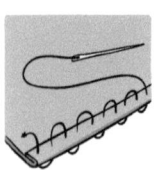

دورین، دورومانکردن

....

dikmek

فڵچە لەددان دان

....

diş fırçalamak

کوشتن

....

öldürmek

جگەرەکێشان

....

sigara içmek

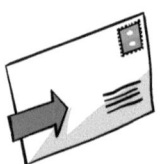

ناردن

....

yollamak

بنەماڵە

aile

دایەگەورە
büyükanne
باوەگەورە
büyükbaba
باوک، باب
baba
دایک
anne
منداڵی ساوا
bebek
کچ
kız
کوڕ
oğul

میوان
....
misafir

پوور
....
teyze

مام، خاڵ
....
amca

برا
....
erkek kardeş

خوشک
....
kız kardeş

جەستە، لەش
vücut

ناوچاوان، تویَڵ
alın
چاو
göz
شان
omuz
قامک
parmak
دەموچاو، ڕوومەت
yüz
چەنە
çene
دەست
el
لاق
bacak
سنگ
göğüs
باسک، قۆڵ
kol

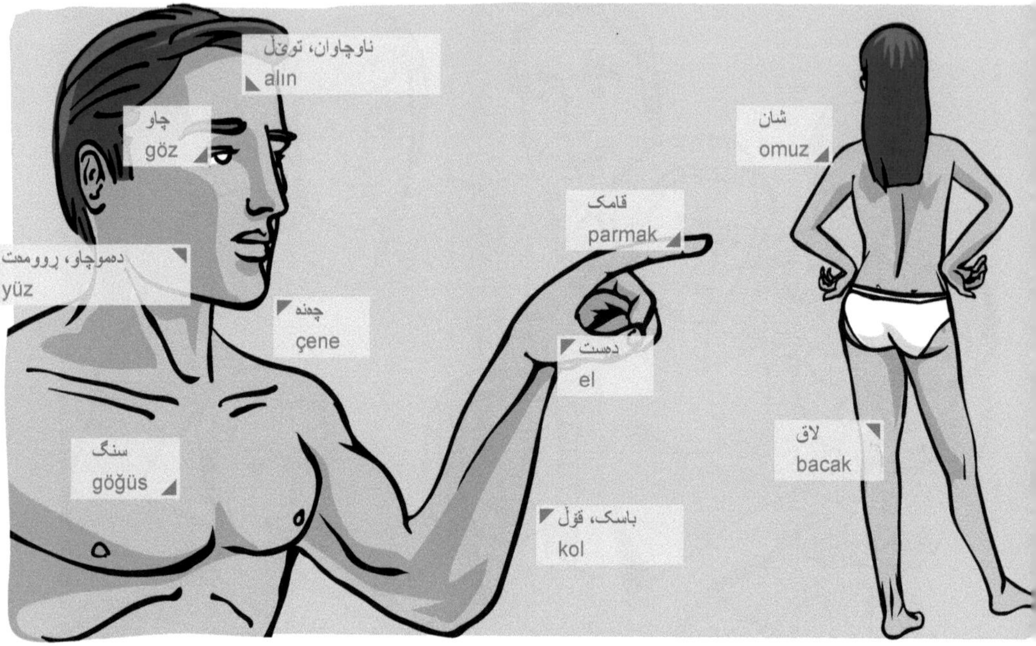

منداڵی ساوا
bebek

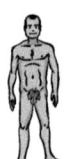

پیاو
adam

ژن
kadın

کچ
kız

کوڕ
erkek çocuk

سەر
baş

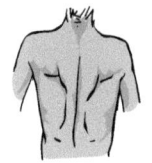

پشت

sırt

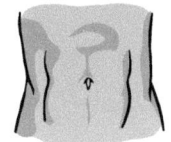

زگ

karın

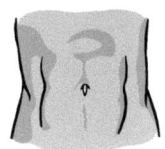

ناوک

göbek

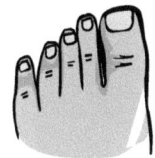

قامکی پێ

ayak parmağı

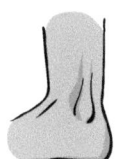

پاژنەی پێ

topuk

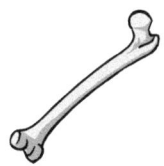

ئێسقان، ئێسک

kemik

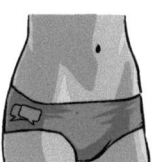

سمت

kalça

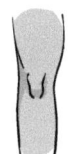

ئەژنۆ

diz

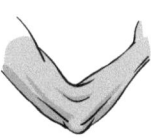

ئانیشک

dirsek

لووت

burun

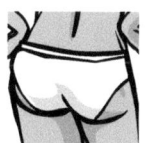

قوون

kalça

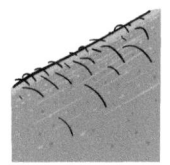

پێست

deri

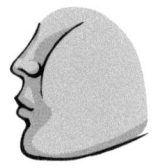

گوپ

yanak

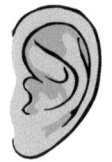

گوێ

kulak

لێو

dudak

دەم، زار

ağız

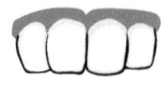

ددان

diş

زمان

dil

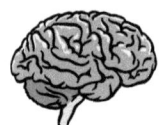

مێشک

beyin

دڵ

kalp

ماسولکە

kas

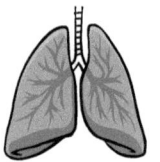

سیپەلاک، سی

akciğer

جەرگ

karaciğer

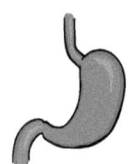

گەدە

mide

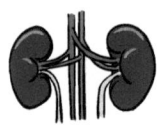

گورچیلە

böbrekler

سێکس

seks

کۆندۆم

prezervatif

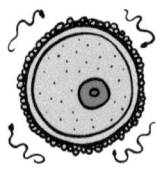

توو، گەرا

yumurtalık

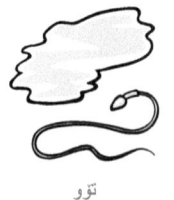

تۆو

sperm

دووگیانی

hamilelik

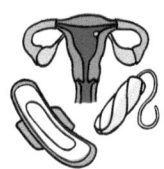

كەوتنە سەر خوێن

regl

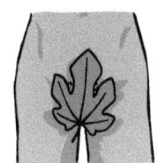

زێ

vajina

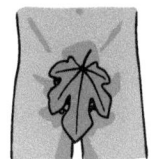

كێر

penis

برۆ

kaş

قژ

saç

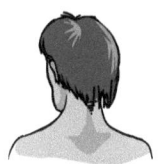

مل

boyun

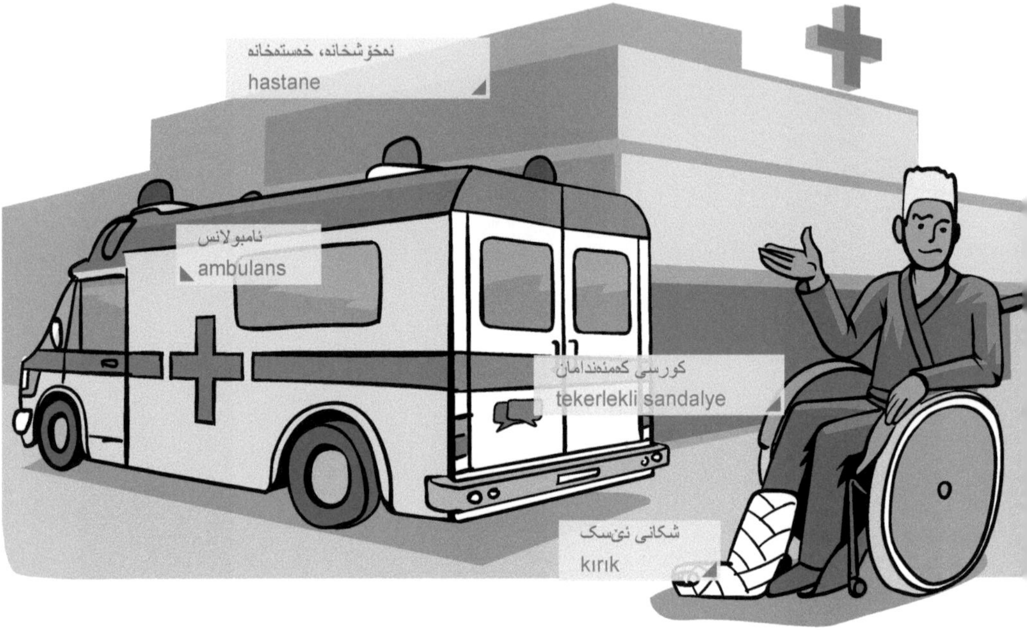

نەخۆشخانە، خەستەخانە
hastane

نەخۆشخانە، خەستەخانە
hastane
ئامبولانس
ambulans
کورسی کەمئەندامان
tekerlekli sandalye
شکانی ئێسک
kırık

دکتۆر

doktor

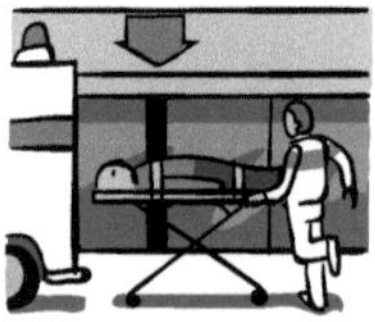

ژووری فریاکەوتن

acil servis

نەخۆشوان

hemşire

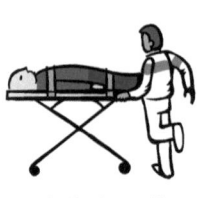

ئورژانس، بەشی فریاکەوتن

acil

بێهۆش

baygın

ژان، ئێش

acı

72 نەخۆشخانە، خەستەخانە - hastane

برینداری

yaralanma

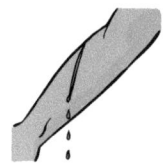

خوێنڕێژی

kanama

جەڵتەی دڵ

kalp krizi

جەڵتە

felç

ئالێرژی، هەستیاری

alerji

کۆخە

öksürük

تا

ateş

ئەنفلۆنزا

grip

زگچوون

ishal

سەرێشە، ژانەسەر

baş ağrısı

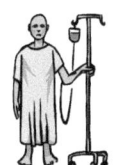

سەرەتان

kanser

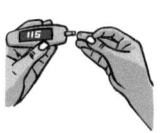

شەکرە

şeker hastalığı

نەشتەرگەر

cerrah

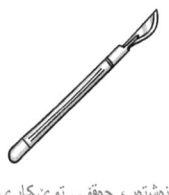

نەشتەر، چەقۆی توێکاری

neşter

نەشتەرگەری

operasyon

CT
....
bilgisayarlı tomografi

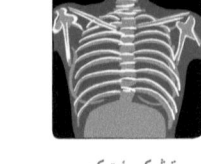

تیشکی ئێکس
....
röntgen

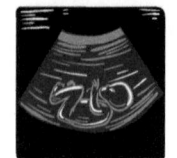

ئوڵتراساوند
....
ultrason

ماسکی ڕوومەت
....
yüz maskesi

نەخۆشی
....
hastalık

ژووری چاوەڕێبوون
....
bekleme odası

گۆچان
....
koltuk değneği

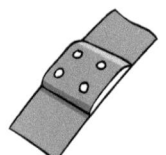

مشەما
....
yara bandı

برین پێچ
....
bandaj

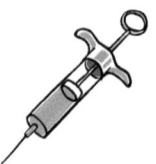

دەرزی لێدان
....
enjeksiyon

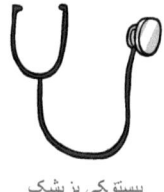

بیستۆکی پزیشک
....
steteskop

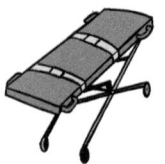

داربەست
....
sedye

گەرماپێوی کلینیکی
....
tıbbi termometre

لەدایکبوون
....
doğum

زیادەکێش/قەڵەویی
....
fazla kilo

بیستۆک
işitme cihazı

میکرۆبکوژ
dezenfektan

چڵک
enfeksiyon

ڤیروس
virüs

ئەیدز
HIV / AIDS

دەرمان
ilaç

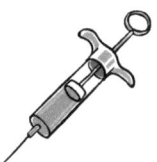

کوتان
aşı

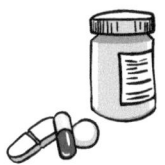

حەب
tablet

حەب
hap

تەلەفۆنی فریاکەوتن
acil çağrı

پیشانگەری پەستانی خوێن
tansiyon aleti

نەخۆش / سڵامەت
hasta / sağlıklı

ئورژانس، بەشی فریاکەوتن

acil

یارمەتی!

İmdat!

ئاگادارکردنەوە، ئەلارم

alarm

دەستدرێژی

darp

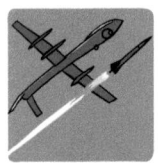

هێرشکردن

saldırı

مەترسی

tehlike

چوونەدەرەوەی ئورژانس

acil çıkış

ئاگر!

Yangın!

ئاگرکوژێنەوە

yangın tüpü

ڕووداو، پێشهات

kaza

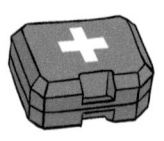

قوتووی یارمەتی فریاکەوتن

ilk yardım çantası

SOS

imdat

پولیس

polis

ئەوڕوپا
....
Avrupa

ئەمریکای باکوور
....
Kuzey Amerika

ئەمریکاری باشوور
....
Güney amerika

ئافریقا
....
Afrika

ئاسیا
....
Asya

ئوسترالیا
....
Avustralya

ئەتڵەسی، ئۆقیانووسی ئەتڵەسی
....
Atlantik

زەریای هێمن
....
Pasifik

ئۆقیانووسی هیندی
....
Hint Okyanusu

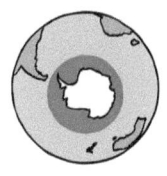

ئۆقیانووسی جەمسەری باشوور
....
Antarktika Okyanusu

ئۆقیانووسی جەمسەری باکوور
....
Arktik Okyanusu

جەمسەری باکوور
....
Kuzey Kutbu

جەمسەری باشوور

Güney Kutbu

ناوچەی جەمسەری باشوور

Antarktika

ئەرز، زەوی

dünya

خاک، وشکانی

kara

دەریا، زەریا

deniz

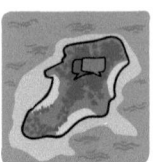

دوورگە

ada

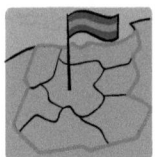

گەل، نەتەوە

ulus

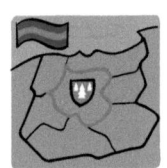

وڵات، پارێزگا، دەوڵەت

ülke

کاتژمێر

saat

روخساری کاتژمێر

kadran

نیشاندەری کاتژمێر

akrep

نیشاندەری خولەک

yelkovan

دەستی دوو

saniye ibresi

کاتژمێر چەندە؟، سەعات چەندە؟

Saat kaç?

ڕۆژ

gün

کات، زەمان

zaman

ئێستا، هەنووکە

şimdi

کاتژمێری دیجیتاڵی

dijital saat

خولەک

dakika

کاتژمێر

saat

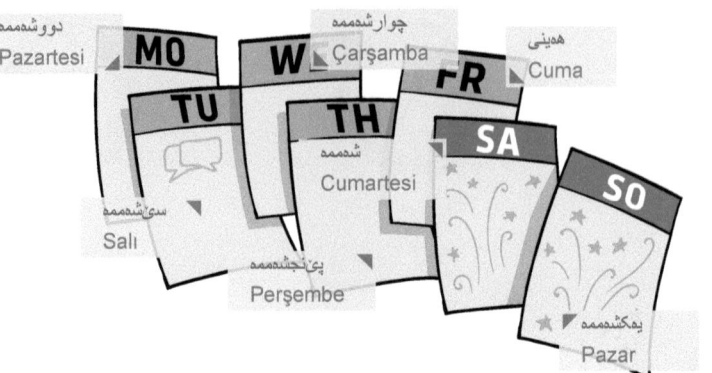

هەفتە

hafta

دووشەممە
Pazartesi
چوارشەممە
Çarşamba
هەینی
Cuma
شەممە
Cumartesi
سێشەممە
Salı
پێنجشەممە
Perşembe
یەکشەممە
Pazar

دوێنێ

dün

ئەمڕۆ، ئەورۆ

bugün

سبەینێ

yarın

بەیانی

sabah

نیوەڕۆ

öğle

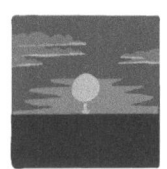

ئێوارە

akşam

ڕۆژی کار

iş günleri

کۆتایی هەفتە

hafta sonu

ساڵ

yıl

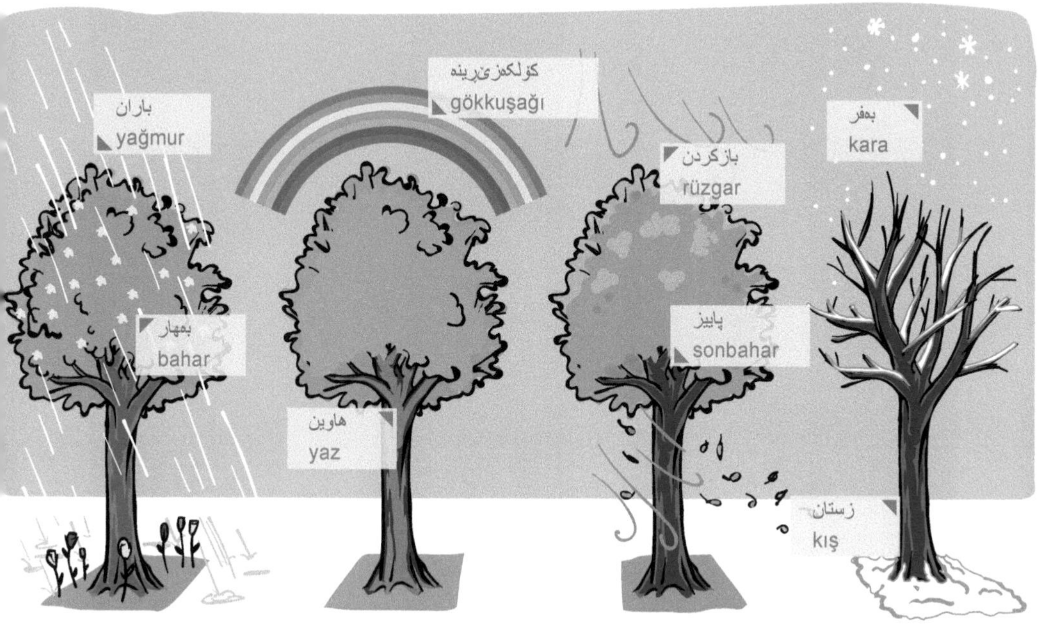

باران
yağmur
کوڵکەزێرینە
gökkuşağı
بازکردن
rüzgar
بەفر
kara
بەهار
bahar
هاوین
yaz
پاییز
sonbahar
زستان
kış

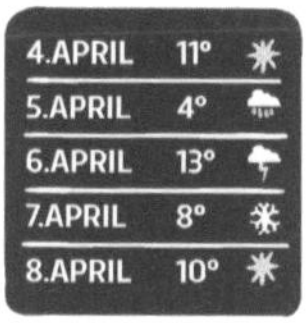

4.APRIL 11°
5.APRIL 4°
6.APRIL 13°
7.APRIL 8°
8.APRIL 10°

پێشبینی هەوا

hava durumu tahmini

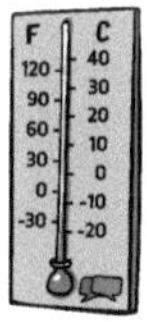

F C
120 40
90 30
60 20
30 10
0 0
-30 -10
-20

گەرماپێو

termometre

خۆرەتاو

güneş ışığı

هەور

bulut

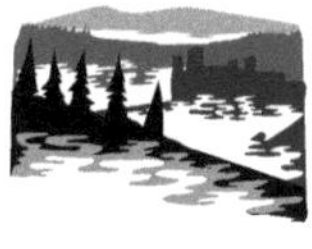

تەمومژ

sis

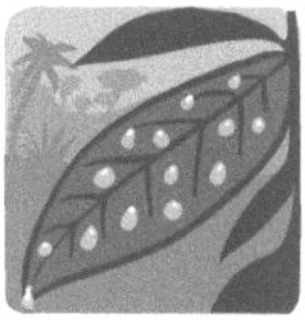

تەڕایی

nem

هەورەتریشقە، بروسکە

şimşek

هەورەگرمە

gök gürültüsü

باوبۆران، تۆفان

fırtına

تەرزە

dolu

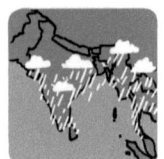

مانسوون

muson

لافاو

sel

سەهۆڵ

buz

جانیوەری

Ocak

فێبریوەری

Şubat

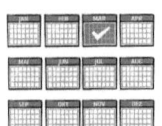

مارچ

Mart

ئەیپریل

Nisan

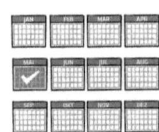

مەی

Mayıs

جوون

Haziran

جوولای

Temmuz

ئۆگۆست

Ağustos

سێپتەمبەر

Eylül

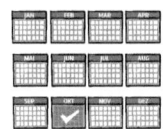

ئۆکتۆبەر

Ekim

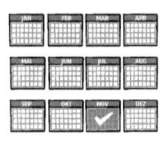

نۆڤەمبەر

Kasım

دیسەمبەر

Aralık

شێوەکان

şekiller

بازنە

daire

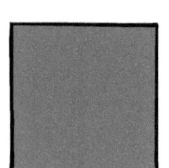

چوارگۆشە

kare

چوارگۆشەی درێژ

dikdörtgen

سێگۆشە

üçgen

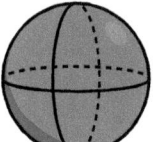

تۆپ، گۆ

küre

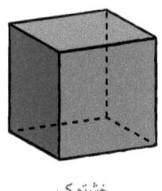

خشتەک

küp

ڕەنگەکان

renkler

سپی

beyaz

زەرد

sarı

پرتەقاڵیی

turuncu

پەمەیی

pembe

سوور

kırmızı

بنەوش

mor

شین

mavi

سەوز

yeşil

قاوەیی

kahverengi

بۆر

gri

ڕەش

siyah

دژبەرەکان

zıt anlamlılar

زۆر / کەم

çok / az

تووڕە / لەسەرەخۆ

kızgın / sakin

جوان / ناحەز

güzel / çirkin

سەرەتا / کۆتایی

başlangıç / son

گەورە / چکۆلە

büyük / küçük

ڕووناک / تاریک

parlak / karanlık

برا / خوشک

erkek kardeş / kız kardeş

خاوێن / چڵکن

temiz / kirli

تەواو / ناتەواو

tamam / eksik

ڕۆژ / شەو

gün / gece

مردوو / زیندوو

ölü / canlı

پان / تەنگ

geniş / dar

خۆش / ناخۆش
....
yenilebilir / yenilemez

نەگریس / بەبەزەیی
....
kötü / iyi

وروژاو / بێزار
....
heyecanlı / sıkılmış

قەڵەو / لاواز
....
şişman / zayıf

یەکەم / ئاخر
....
ilk / son

دۆست / دوژمن
....
dost / düşman

پڕ / خاڵی
....
dolu / boş

ڕەق / نەرم
....
sert / yumuşak

قورس / سووک
....
ağır / hafif

برسی / توونی
....
açlık / susuzluk

نەخۆش / سڵامەت
....
hasta / sağlıklı

نایاسایی / یاسایی
....
yasa dışı / yasal

زیرەک / گەمژە
....
zeki / aptal

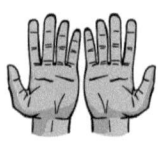

چەپ / ڕاست
....
sol / sağ

نزیک / دوور
....
yakın / uzak

86 دژبەرەکان - zıt anlamlılar

نوێ / کۆن، بەکارهاتوو

yeni / kullanılmış

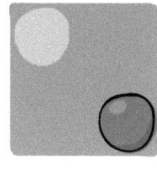

هیچ شتێک / شتێک

hiçbir şey / bir şey

پیر / لاو

yaşlı / genç

هەڵکراو / کوژاوه

açma / kapama

کراوه / داخراو

açık / kapalı

بێدەنگ / دەنگی بەرز

sessiz / gürültülü

دەوڵەمەند / هەژار

zengin / fakir

ڕاست / هەڵه

doğru / yanlış

زبر / ساف

pürüzlü / düz

خەمین / خۆشحاڵ

üzgün / mutlu

کورت / درێژ

kısa / uzun

هێواش / خێرا

yavaş / hızlı

تەڕ / وشک

ıslak / kuru

گەرم / فێنک

sıcak / serin

شەڕ / ئاشتی

savaş / barış

ژمارەکان

sayılar

0	**1**	**2**
سیفر	یەک	دوو
sıfır	bir	iki
3	**4**	**5**
سێ	چوار	پێنج
üç	dört	beş
6	**7**	**8**
شەش	حەوت	هەشت
altı	yedi	sekiz
9	**10**	**11**
نۆ	دە	یازدە
dokuz	on	on bir

12

دوازدە

....

on iki

13

سێزدە

....

on üç

14

چواردە

....

on dört

15

پازدە، پانزە

....

on beş

16

شازدە

....

on altı

17

حەفدە

....

on yedi

18

هەژدە

....

on sekiz

19

نۆزدە

....

on dokuz

20

بیست

....

yirmi

100

سەد

....

yüz

1.000

هەزار

....

bin

1.000.000

میلیۆن

....

milyon

زمانەکان

diller

ئینگلیزی
....
İngilizce

ئینگلیزی ئەمەریکی
....
Amerikan İngilizcesi

چینی ماندارین
....
Çince (Mandarin)

هێندی
....
Hintçe

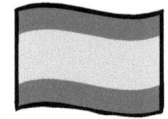

ئیسپانی
....
İspanyolca

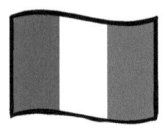

فەرەنسی
....
Fransızca

عەرەبی
....
Arapça

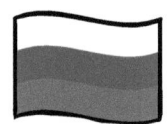

ڕووسی
....
Rusça

پۆرتوگالی
....
Portekizce

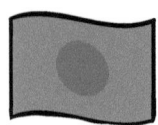

بەنگالی
....
Bengalce

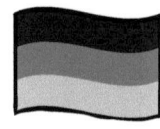

ئاڵمانی
....
Almanca

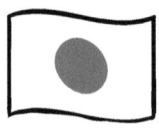

ژاپۆنی
....
Japonca

کێ / چی / چۆن
kim / ne / nasıl

من

ben

تۆ

sen

ئەو

o

ئێمە

biz

ئێوە

siz

ئەوان

onlar

کێ؟

kim?

چی؟

ne?

چۆن؟

nasıl?

لەکوێ؟

nerede?

کەنگێ؟ کەی؟

ne zaman?

ناو

isim

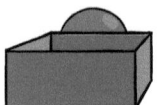

شوێن

nerede

لەپشت

arkasında

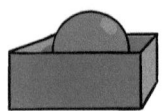

لە

içinde

لەپێش

önünde

سەری

üzerinde

لەسەر

üstünde

ژێر

altında

لە تەنیشت

yanında

لەنێوان

arasında

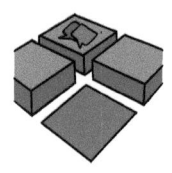

شوێن، جێ

yer